나비의 봄 여름 가을 겨울

나비 한살이 생태 관찰기

권혁도 글 그림

보리

차례

나비는 어디서 살까? · 4
산에는 어떤 나비들이 살까? · 6
들에는 어떤 나비들이 살까? · 8
비가 오면 나비는 어디로 갈까? · 10
밤이 되면 나비는 어디서 쉴까? · 12
나비와 나방은 무엇이 다를까? · 14
나비는 무엇을 먹고 살까? · 16
나비는 무엇을 가장 무서워할까? · 20
나비 암컷과 수컷은 어떻게 다를까? · 22
나비는 어떻게 짝짓기를 할까? · 24
나비는 어디에 알을 낳을까? · 26
나비 알은 어떻게 생겼을까? · 28
얼마나 기다리면 애벌레가 나올까? · 32
애벌레는 어떻게 클까? · 34
애벌레는 어떻게 살아남을까? · 38
애벌레는 무엇을 가장 무서워할까? · 40
애벌레는 어떻게 집을 지을까? · 46
애벌레는 언제쯤 번데기가 될까? · 48
번데기는 어디로 숨었을까? · 52
번데기 속에서는 무슨 일이 일어나는 걸까? · 54
얼마나 기다리면 나비가 나올까? · 56
나비는 얼마나 오래 살까? · 62
나비는 계절에 따라 어떻게 다를까? · 64
겨울이 오면 나비는 어디로 갈까? · 66

부록

나비 한살이 · 74
애벌레와 나비 생김새 · 90
애벌레와 나비 · 92
여러 가지 나비 삶 · 99

나비는 어디서 살까?

우리나라 온 산과 들에서는 여러 가지 나비를 만날 수 있어. 우리나라에는 나비가 280종쯤 살고 있거든. 이 많은 나비들은 저마다 살아가는 방법도 다르고 사는 곳도 다 달라. 나비들은 아무 곳에서나 살지 않고, 애벌레가 먹고 자랄 수 있는 먹이식물에 알을 낳으며 그 둘레에서 살지.

싸리
애기세줄나비
푸른부전나비
물결부전나비

팽나무, 풍게나무
왕오색나비
홍점알락나비
뿔나비
수노랑나비
유리창나비

마
왕자팔랑나비

단풍나무
세줄나비

조팝나무
별박이세줄나비
굵은줄나비

참나무
큰녹색부전나비
물빛긴꼬리부전나비
귤빛부전나비
멧팔랑나비

탱자나무
호랑나비
제비나비
남방제비나비

모시풀
큰멋쟁이나비

환삼덩굴
네발나비

토끼풀
노랑나비
애기세줄나비

쑥
작은멋쟁이나비

강아지풀
줄점팔랑나비
부처나비
황알락그늘나비

산에는 어떤 나비들이 살까?

산속 빈터나 골짜기에서는 여러 녹색부전나비들이 보여. 햇볕이 잘 드는 높은 나뭇잎에 앉아 해바라기를 해. 어두컴컴한 숲속에서는 먹그늘나비, 부처나비, 황알락그늘나비, 눈많은그늘나비 같은 나비를 볼 수 있어. 산길이나 숲길, 산 가장자리에서는 애호랑나비, 제비나비, 귤빛부전나비, 줄나비 같은 나비가 날아다니지. 산에는 제비나비처럼 검은색 나비들이 많이 살아. 그늘진 숲속에서 몸 온도를 유지하려면 햇볕을 잘 흡수하는 검은색이 필요하기 때문인 것 같아. 산과 들이 만나는 숲 가장자리에서는 산에 사는 나비와 들에 사는 나비를 다 만날 수 있어.

왕오색나비

홍점알락나비 여름형

긴꼬리제비나비

제비나비 여름형

들에는 어떤 나비들이 살까?

산과 들이 만나는 곳에는 꼬리명주나비, 사향제비나비, 큰주홍부전나비, 산부전나비, 산호랑나비, 참산뱀눈나비, 산굴뚝나비, 표범나비 같은 나비들을 볼 수 있어. 사람이 사는 마을 둘레 텃밭에서는 네발나비, 호랑나비, 큰멋쟁이나비, 배추흰나비, 노랑나비 같은 나비들이 자주 보이지. 들에는 주로 배추흰나비처럼 흰색 나비들이 많이 살아. 그늘이 없는 들판에서 뜨거운 햇볕을 피하려면 빛을 잘 반사하는 밝은 흰색이 필요하기 때문이야. 검은색 부전나비들도 있지만 날개 아랫면은 밝은 색이야. 부전나비들은 날아다니는 시간보다 날개를 접고 앉아 있을 때가 더 많아. 필요할 때만 날개를 펴고 햇볕을 받아서 몸을 따뜻하게 해.

갈구리나비 수컷

큰줄흰나비

수컷

암컷

짝짓기 거부하는 대만흰나비 암컷

수컷

암컷

남방부전나비

배추흰나비 수컷들

비가 오면 나비는 어디로 갈까?

비가 와도 나비는 몸이 젖지 않아. 나비 몸은 촘촘하고 매끄러운 비늘로 덮여 있기 때문에 빗방울이 그냥 흘러내리거든. 그런데 왜 비가 오면 날지 못할까? 비가 오면 기온이 내려가서 추워지기 때문이야. 나비는 기온에 따라 체온이 바뀌는 변온 동물이야. 그래서 날이 추우면 몸을 잘 움직이지 못해. 며칠씩 비가 내리는 장마철에는 나뭇잎이나 풀덤불 속에서 비가 그치는 날까지 기다려야 해. 비가 그치면 그제야 날개를 활짝 펴서 햇볕을 쬐고, 몸이 따뜻해지면 다시 나풀나풀 날아다녀.

네발나비

큰주홍부전나비

배추흰나비

밤이 되면 나비는 어디서 쉴까?

해가 질 무렵이면 나비들은 보이지 않아. 밤은 나비 친척인 나방 세상이지. 나비들은 꽃에서 꿀을 빨 수 있는 낮을 좋아하고 밤을 싫어하거든. 밤이 점점 깊어질수록 나방들이 힘차게 날아다녀. 불이 켜진 가로등에는 수많은 나방들이 모여들지. 나방은 왜 불빛에 모여들까? 밤에 나오는 나방은 달빛이나 별빛을 기준으로 날아갈 방향을 정하고 목표물을 찾아간다고 해. 그런데 사람들이 켜 놓은 전깃불을 달빛으로 착각해서 날아가다가 점점 전깃불로 모이게 된 거야. 하지만 정확한 까닭을 알기 위해서 지금도 과학자들이 계속 연구 중이야. 그런 나방을 잡아먹으려고 박쥐도 날아오고, 가로등 밑에는 두꺼비나 개구리, 딱정벌레들이 떨어진 나방이나 다른 곤충을 잡아먹으려고 찾아와. 나비들은 그저 조용히 풀숲에서 잠을 자.

노랑나비

호랑나비

홍점알락나비

지리산팔랑나비

나비와 나방은 무엇이 다를까?

사실 나비와 나방은 한 가족이야. 우리나라에는 나비가 280종쯤 살고, 나방은 3,800종쯤 살고 있어. 나비보다 나방이 훨씬 많이 살지. 나비와 나방은 모두 접히는 날개가 있고, 갖춘탈바꿈을 하고, 날개와 몸, 주둥이에 비늘 가루가 덮여 있어. 나비는 거의 낮에 보이지만, 나방은 거의 밤에 나와 돌아다녀. 하지만 벌꼬리박각시나 까치물결자나방, 얼룩나방처럼 낮에 나오는 나방도 있어. 나방은 나비보다 몸빛과 무늬가 화려하지 않다고 하지만 흰무늬왕불나방이나 붉은뒷날개나방, 뿔나비나방처럼 무늬와 색깔이 화려한 나방도 있어.

나방 더듬이는 실이나 톱니처럼 생긴 것도 있지만, 주로 빗살이나 깃털처럼 생긴 더듬이가 많아.

매미나방
수컷 더듬이

각시뒷노랑수염나방
더듬이

배버들나방
더듬이

유리산누에나방
수컷 더듬이

뒤흰띠알락나방
더듬이

작은산누에나방
암컷 더듬이

밤나무산누에나방

나방은 몸이 뚱뚱하고 무거워서 오래 날지 못해. 앉아 있을 때는 날개를 펴고 있지.

나방 날개는 물고기 비늘 같은 인편도 있지만 긴 털이 더 많아.

나방은 나비와 무엇이 다를까? 깜깜한 밤에 나오는 나방은 눈보다 더듬이가 더 발달했어. 냄새를 맡을 수 있는 더듬이로 먹을 것을 찾고, 암컷을 만나 짝짓기를 해. 낮에 나오는 나비는 멀리 있는 꽃이나 짝을 찾아서 산과 들을 마음껏 날아다녀. 그래서 더듬이보다 눈이 더 발달했어. 나비 눈은 홑눈 수천 개가 모여서 하나가 된 겹눈이야. 애벌레 홑눈은 사물을 볼 수 없지만, 나비 겹눈은 사방을 잘 볼 수 있어. 그래서 나비는 조금만 가까이 다가가도 날아가 버리지.

나비 더듬이는 갈고리나 막대처럼 생긴 것도 있지만, 대부분 끝이 둥근 면봉처럼 생겼어.

뿔나비 더듬이 | 작은멋쟁이나비 더듬이 | 암고운부전나비 더듬이 | 호랑나비 더듬이 | 배추흰나비 더듬이 | 대왕팔랑나비 더듬이

호랑나비

나비 날개는 가느다란 털도 있지만 물고기 비늘 같은 인편들이 기와지붕처럼 층층이 덮여 있어. 그래서 나비 날개는 비가 와도 물에 젖지 않아.

나비는 몸이 가늘고 가벼워서 오래 날아다닐 수 있어. 앉아 있을 때는 날개를 접고 있지. 나비가 날개를 펴고 앉아 있을 때는 추워서 햇볕을 쬐려는 거야.

나비는 무엇을 먹고 살까?

어른이 된 나비에게 가장 중요한 일은 알을 낳는 일이야. 튼튼한 알을 낳기 위해서 나비는 필요한 영양분을 잘 먹어야 해. 나비가 가장 좋아하는 먹이는 꽃에 들어 있는 꿀이야. 하지만 나비는 짝짓기에 필요한 여러 가지 영양분을 얻으려고 나무에서 흘러나오는 나뭇진이나 과일즙도 빨아 먹고, 축축한 땅이나 짐승 똥, 말린 생선이 있는 곳에 날아오기도 해. 왕오색나비, 수노랑나비처럼 꽃꿀은 먹지 않고 장수풍뎅이같이 나무에서 흘러나오는 나뭇진만 먹고 사는 나비들도 있어.

애호랑나비가
진달래 꽃에 날아와 꿀을 빨아 먹고 있어.
2013. 4. 12. 남양주 덕소

먹그늘나비가 땅에 내려앉아
흙에 있는 소금기를 빨아 먹고 있어.
2006. 6. 6. 남양주 천마산

황세줄나비가
젖은 흙에서 물을 먹고 있어.
2009. 5. 31. 남양주 덕소

줄나비가
죽은 지렁이 체액을
빨아 먹고 있어.
2006. 9. 7. 서울 불암산

황오색나비가
똥을 빨아 먹고 있어.
2010. 8. 1. 남양주 덕소

나비는 무엇을 가장 무서워할까?

나비는 어른이 되었다고 마음 놓고 지낼 수 없어. 멋진 짝을 만나 자기 핏줄을 이으려면 어떻게든 살아남아야 해. 꽃과 풀숲에는 애벌레뿐만 아니라 어른이 된 나비를 노리는 수많은 천적들이 숨어 있거든. 거미는 눈에 안 띄는 가느다란 거미줄을 치고 기다리고, 사마귀는 풀숲에 감쪽같이 숨어서 나비를 노리지. 잠자리들은 비행기처럼 재빨리 날면서 나비를 낚아채고, 수많은 새들이 나비를 노리고 달려들어. 나비는 수천만 년 동안 이런 천적 눈을 피해서 지금까지 살아남은 멋진 곤충이야.

긴호랑거미가 거미줄에 걸린 네발나비를 꽁꽁 묶고 있어.
2013. 9. 5. 남양주 덕소

사마귀가 숨어 있는 줄도 모르고
꼬리명주나비가 꽃을 찾아왔어.
2010. 7. 26. 남양주 덕소

싸리 꽃에 숨어 있던
자그마한 꽃게거미가 자기보다
몸집이 훨씬 더 큰 팔랑나비를 잡았어.
2004. 7. 8. 서울 노원구

밀잠자리가 큰줄흰나비를
낚아채 잡았어.
2014. 7. 29. 남양주 덕소

나비 암컷과 수컷은 어떻게 다를까?

나비는 암컷과 수컷이 서로 똑같이 닮아 보여. 하지만 쉽게 암컷과 수컷을 구별할 수 있는 나비도 많아. 암컷과 수컷이 색깔이나 무늬가 다른 나비도 있고, 날개에 수컷이라는 표시가 있는 나비도 있어. 이 표시를 '성표'라고 해.

호랑나비
성표
수컷은 뒷날개에 검은 점이 뚜렷하게 나 있어.
암컷
수컷

제비나비
성표
수컷 앞날개에는 수염처럼 부드러운 털 뭉치가 나 있어.
암컷
수컷

큰주홍부전나비 암컷은
날개에 검은 점이 많아.

암컷

수컷

성표

긴꼬리제비나비 수컷은
뒷날개 앞 가장자리가 하얘.

남방부전나비와 꼬리명주나비처럼
암컷과 수컷 날개 색이 아주 다른 나비도 있어.

남방부전나비

암컷

수컷

꼬리명주나비

암컷

수컷

나비는 어떻게 짝짓기를 할까?

모든 곤충에게 가장 중요한 일은 짝을 찾아 짝짓기하고 알을 낳는 일이야. 나비도 마찬가지야. 나비가 어른으로 날개돋이하면 먼저 짝을 만나야 해. 멋진 짝을 만나면 수컷이 암컷을 졸졸 따라다녀. 서로 빙글빙글 돌면서 오르락내리락하며 쫓아다녀서 마치 멋진 춤을 추는 것 같지. 하지만 사실 수컷이 암컷을 낚아채려고 끈질기게 달려드는 거야. 그런 뒤 암컷이 허락하면 서로 꽁무니를 붙이고 안전한 곳으로 가서 짝짓기를 해. 암컷은 한 번 짝짓기를 마치면 다시는 짝짓기를 하지 않아. 수컷이 다가오면 꽁무니를 치켜세우고 수컷을 피해. 때때로 암컷을 차지하려고 수컷끼리 뒤엉켜서 싸울 때는 말릴 수가 없어. 날개가 찢어질 만큼 잡아당겨도 떨어지지 않아. 자기 유전자를 남기기 위해서 서로 물러서지 않기 때문이야.

꼬리명주나비가 쥐방울덩굴에서 짝짓기를 하고 있어.
2010. 7. 30. 남양주 덕소

남방부전나비가 짝짓기를 하고 있어.
2013. 8. 13. 남양주 덕소

애호랑나비가 얼레지 꽃에 앉아 짝짓기를 하고 있어.
2017. 4. 9. 남양주 운길산

모시나비 수컷이 암컷을 붙잡고 짝짓기하려고 애를 쓰고 있어.
하지만 암컷 꽁무니에는 수태낭이 붙어 있어서 짝짓기를 할 수 없어.
수컷은 짝짓기를 마치면 자기 분비물로
암컷 배 끝에다 보호막을 만들어.
그러면 암컷은 다른 수컷과 다시 짝짓기를 할 수 없지.
이 보호막을 '수태낭'이라고 해.
2009. 5. 25. 남양주 덕소

나비는 어디에 알을 낳을까?

나비들은 저마다 알을 낳는 식물이 달라. 애벌레가 먹을 수 있는 식물이 다르기 때문이야. 나비는 엄마도 아빠도 알과 애벌레를 돌보지 않아. 엄마가 해 줄 수 있는 가장 큰 선물은 애벌레가 배불리 먹을 곳에 알을 낳는 것뿐이야. 나비는 더듬이와 앞다리로 냄새를 맡으며 애벌레가 먹을 식물을 찾아내. 알맞은 식물을 찾으면 조심조심 알을 낳지. 알을 낳을 때 끈적끈적한 물이 함께 나와서 비가 오고 바람이 불어도 안 떨어지게 하나씩 하나씩 알을 붙여 낳아. 한곳에 백 개가 넘는 알을 낳는 나비들도 있어.

꼬리명주나비가
작은 쥐방울덩굴 새싹에 알을 낳고 있어.
2016. 4. 19. 남양주 덕소

마른 풀 줄기를 감고 올라온
마 덩굴 잎에 왕자팔랑나비가 알을 낳고 있어.
2017. 5. 20. 남양주 덕소

뿔나비가 팽나무 새싹 틈에 알을 낳고 있어.
2009. 4. 19. 남양주 덕소

바위틈을 비집고 올라온 쥐방울덩굴에
사향제비나비가 알을 낳고 있어.
2016. 4. 26. 남양주 덕소

나비 알은 어떻게 생겼을까?

나비 알은 아주 작아. 또 아무 곳에나 알을 낳지 않고 꼭꼭 숨겨 두는 알이 많아. 그래서 나비 알을 찾으려면 아주 찬찬히 살펴야 해. 나비는 알을 하나씩 낳기도 하고, 무더기로 낳기도 해. 알을 돌탑처럼 층층이 쌓아 낳기도 하고, 알에 털을 잔뜩 붙여서 이불처럼 덮기도 해. 나비 알은 저마다 생김새나 빛깔이 달라. 팔랑나비 알은 호빵처럼 생겼고, 호랑나비와 제비나비는 매끈한 공처럼 둥글어. 흰나비 알은 끝이 총알처럼 뾰족하고, 부전나비 알은 가운데가 옴폭 파인 찐빵처럼 생겼지. 알은 누렇거나 풀빛이거나 하얗거나 노래.

쥐방울덩굴 잎에 낳은
사향제비나비 알은 불그스름해.
2010. 5. 21. 남양주 덕소

마 잎에 낳은
왕자팔랑나비 알에는
털이 잔뜩 붙어 있어.
2016. 5. 15. 남양주 덕소

털이 붙은 알 → 털을 벗긴 알

괭이밥 잎에 낳은 남방부전나비 알은
하얗고 찐빵처럼 생겼어.
2009. 8. 22. 남양주 덕소

토끼풀 잎에 낳은 노랑나비 알은
노랗고 길쭉해.
2008. 7. 23. 남양주 덕소

가랑잎에 낳은 모시나비 알은 하얘.
2010. 5. 21. 남양주 덕소

애호랑나비가
족도리풀 잎 뒷면에
알을 낳고 있어.
2009. 4. 11. 남양주 천마산

족도리풀 잎에 낳은 애호랑나비 알은
풀빛으로 반짝거리고 동그래.
2012. 4. 19. 남양주 덕소

모시풀 잎에 낳은 큰멋쟁이나비 알은
풀빛이고 세로로 골이 파여 있어.
2011. 7. 6. 남양주 운길산

산초나무 잎에 낳은
호랑나비 알은 노랗고 동그래.
2012. 8. 26. 남양주 덕소

쥐방울덩굴에 낳은 꼬리명주나비 알은
허옇고 공처럼 둥글어.
2012. 4. 19. 남양주 덕소

거북꼬리 잎에 거꾸로여덟팔나비가
알을 탑처럼 층층이 쌓아서 낳았어.
2017. 5. 15. 남양주 덕소

조팝나무 잎에 낳은 별박이세줄나비 알에는
자잘한 털이 나 있어.
2010. 6. 25. 남양주 덕소

황벽나무 잎에 낳은
대왕팔랑나비 알에는
세로로 골이 파여 있어.
2016. 8. 9. 남양주 운길산

양배추 잎에 낳은
배추흰나비 알은 노랗고 길쭉해.
2016. 5. 18. 남양주 덕소

팽나무에 낳은 뿔나비 알은
세로로 골이 파여 있어.
2014. 4. 9. 남양주 덕소

얼마나 기다리면 애벌레가 나올까?

알을 낳은 지 얼마쯤 지나면 따뜻한 햇볕을 받은 알에서 나비 애벌레가 꼬물꼬물 기어 나와. 거의 일주일쯤 지나면 애벌레가 깨어나지만 기온에 따라 더 늦거나 빠를 수 있어. 호랑나비와 제비나비는 열흘 안팎이면 애벌레가 깨어 나오고, 흰나비는 두 주쯤 걸려. 알로 겨울을 나는 모시나비는 270일쯤 지나야 애벌레가 깨어나. 그러니까 모시나비는 거의 일생을 알 속에서 사는 나비야. 갓 나온 애벌레는 아주 앙증맞고 쪼그매. 이제부터 어른벌레가 될 때까지 힘껏 살아야 해.

모시나비가
현호색 둘레에 알을 낳았어.
2010. 5. 21. 남양주 덕소

2주쯤 지나면 알 속에
애벌레가 생겨.
2010. 6. 남양주 덕소

애벌레는 알 속에서
가을과 겨울을 보내.
2010. 12. 남양주 덕소

이른 봄 현호색 새싹이 올라올 때 애벌레도
알 껍질에서 나와 현호색을 먹고 자라.
2011. 3. 26. 남양주 덕소

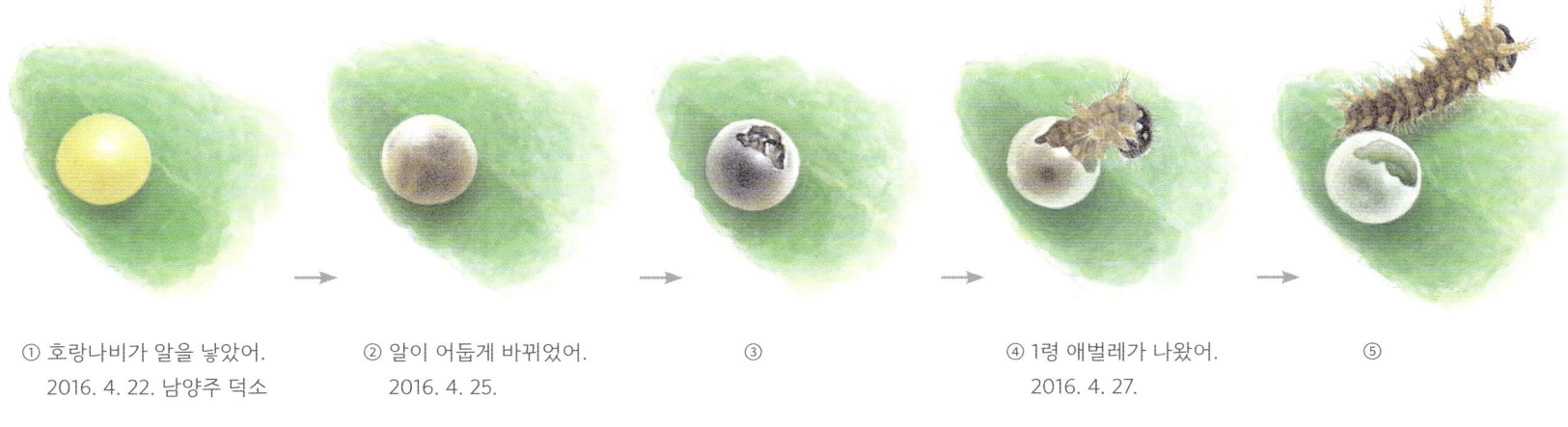

① 호랑나비가 알을 낳았어.
2016. 4. 22. 남양주 덕소

② 알이 어둡게 바뀌었어.
2016. 4. 25.

③

④ 1령 애벌레가 나왔어.
2016. 4. 27.

⑤

① 홍점알락나비가 알을 낳았어.
2014. 6. 11. 남양주 덕소

② 알이 검게 바뀌었어.
2014. 6. 19.

③ 1령 애벌레가 나왔어.
2014. 6. 20.

④

⑤

⑥ 알에서 나온 애벌레가 알 껍질을 갉아 먹고 있어.

⑦

① 노랑나비가 알을 낳았어.
2008. 7. 23. 남양주 덕소

② 알이 빨갛게 바뀌었어.
2008. 7. 26.

③ 1령 애벌레가 나왔어.
2008. 7. 29.

애벌레는 어떻게 클까?

알에서 나온 애벌레는 먹보야. 하루 종일 먹기만 하거든. 먹고 싸고 쉬고, 먹고 싸고 쉬기를 되풀이해. 애벌레는 먹는 양만큼 빠르게 자라. 그런데 애벌레 몸은 크게 자라도 허물은 늘어나지 않기 때문에 반드시 허물을 벗어야 더 크게 자랄 수 있어. 옷을 벗듯이 허물을 벗는다고 '허물벗기'라고 해. 애벌레는 허물을 한 번 벗을 때마다 한 살씩 더 많아져. 한 살, 두 살 사람이 나이 먹는 것처럼 1령, 2령이라고 해. 나비 애벌레는 허물을 네 번 벗고 5령이 된 뒤에 번데기가 돼.

호랑나비 애벌레가 알에서 나온 뒤 커 가는 모습이야.

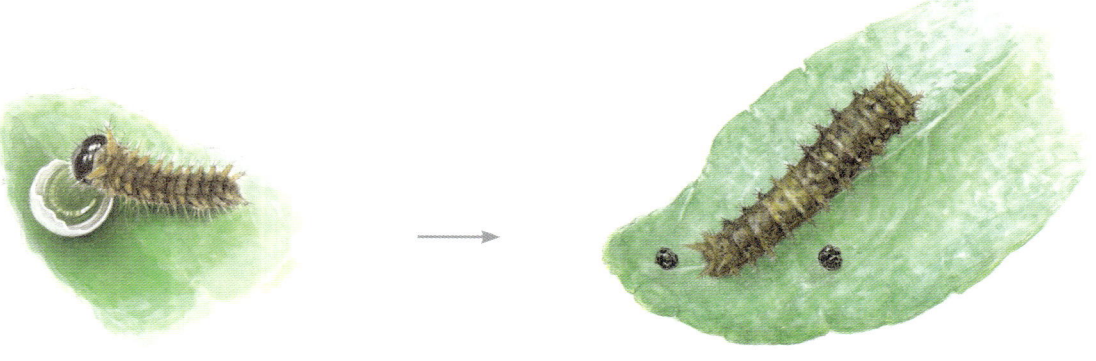

① 알에서 나온 1령 애벌레
2016. 4. 27. 남양주 덕소

② 한 번 허물을 벗은 2령 애벌레

③ 두 번 허물을 벗은 3령 애벌레

④ 세 번 허물을 벗은 4령 애벌레

⑤ 4령 애벌레가 자리를 잡고
   허물 벗을 준비를 하면 꼼짝하지 않아.
   2016. 5. 9.

⑥ 3일째 되는 날
   마지막 허물을 벗기 시작했어.
   2016. 5. 11.

⑦ 서똥 같던 허물을 벗고
   둘빛을 띤 5령 애벌레가 나오고 있어.

⑧ 애벌레는 꽁무니를 이리저리 비틀며
   허물을 빠져나와.

⑨ 허물을 다 벗으면
   잠시 쉬었다가 뒤를 돌아서
   벗어 놓은 허물을 먹어 치워.

⑩ 5령 아 벌레는 허물을 벗고 나서
   한 번에 잎사귀 6장을 먹어 치웠어.
   5령이 되면 아주 많이 먹고 45mm쯤 크게 자라.
   2016. 5. 11.

긴꼬리제비나비 애벌레가 커 가는
모습이야.

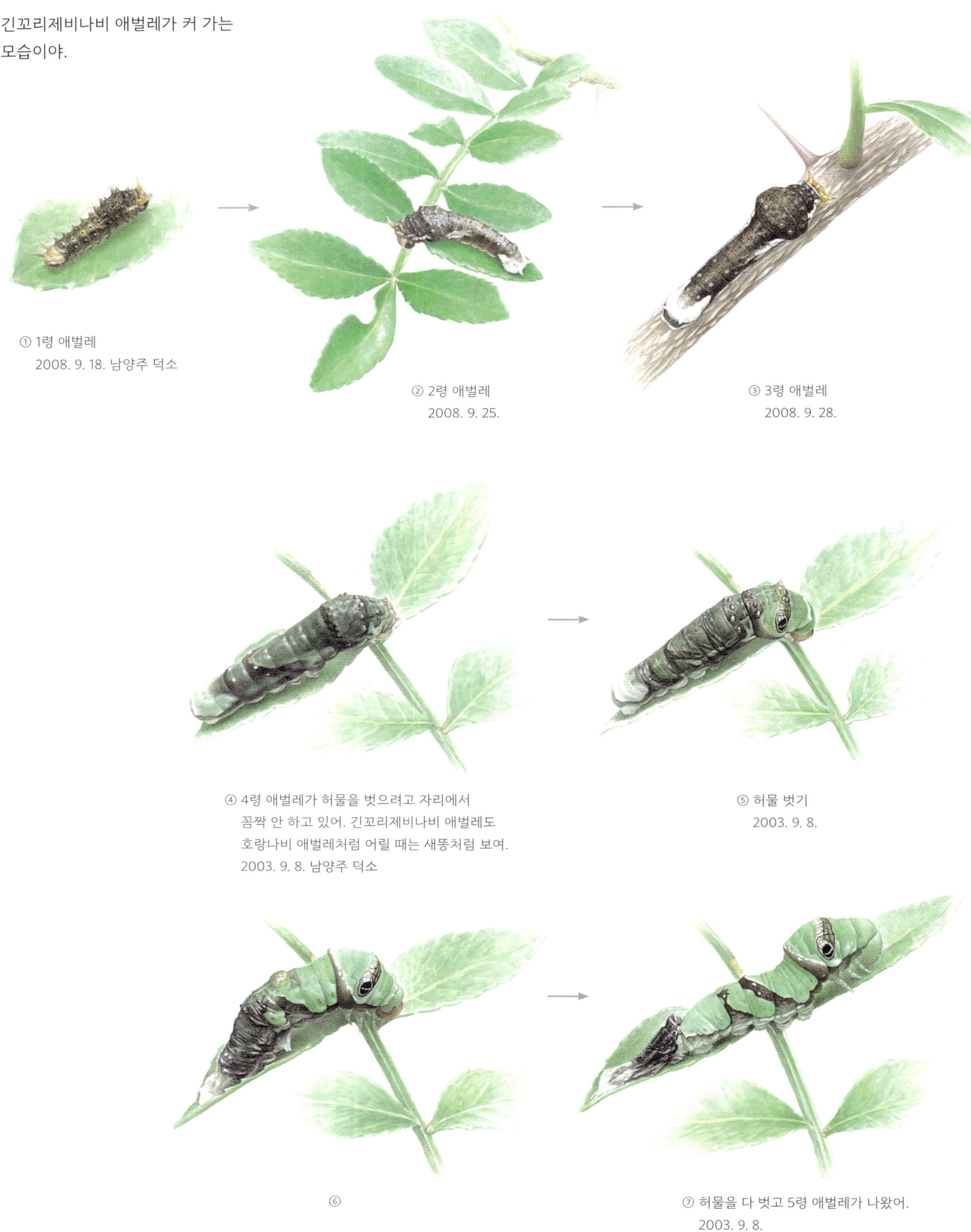

① 1령 애벌레
   2008. 9. 18. 남양주 덕소

② 2령 애벌레
   2008. 9. 25.

③ 3령 애벌레
   2008. 9. 28.

④ 4령 애벌레가 허물을 벗으려고 자리에서
   꼼짝 안 하고 있어. 긴꼬리제비나비 애벌레도
   호랑나비 애벌레처럼 어릴 때는 새똥처럼 보여.
   2003. 9. 8. 남양주 덕소

⑤ 허물 벗기
   2003. 9. 8.

⑥

⑦ 허물을 다 벗고 5령 애벌레가 나왔어.
   2003. 9. 8.

암끝검은표범나비 애벌레가
허물을 벗고 있어.
몸에는 가시 같은 돌기가 돋아 있지.
2012. 8. 20. 남양주 덕소

홍점알락나비 애벌레가
사슴뿔을 닮은 머리 허물을 벗어 놓았어.
2010. 9. 15. 남양주 덕소

노랑나비 애벌레가 토끼풀 잎을
갉아 먹고 몸집이 커진 모습이야

2령 애벌레
2008. 8. 1. 남양주 덕소

4령 애벌레
2008. 8. 4.

애벌레는 어떻게 살아남을까?

수많은 새들과 곤충, 개구리, 장지뱀 같은 동물들이 통통하고 보들보들한 나비 애벌레를 노려. 수많은 천적들 속에서 살아남기 위해 애벌레들도 여러 가지 방법을 궁리해 냈어. 어떤 애벌레는 집을 지어 그 속에 들어가 숨고, 어떤 애벌레는 새들을 속이려고 새똥 흉내를 내. 또 개미에게 꿀물을 주고 자기 몸을 지켜 달라고 하는 애벌레도 있고, 커다란 눈알처럼 생긴 무늬나 지독한 냄새를 풍겨서 천적들을 쫓는 애벌레도 있어. 또 바늘처럼 뾰족한 가시가 몸에 돋거나, 몸빛이 울긋불긋해서 독이 있다고 알리거나, 둘레 색깔과 똑같은 몸빛으로 감쪽같이 숨기도 해. 저마다 다 살아남기 위해 애벌레들이 궁리해 낸 방법들이야.

산호랑나비 애벌레는 얼룩얼룩한 호랑이 무늬로 무섭게 보이려고 애를 써.
2014. 10. 2. 남양주 덕소

호랑나비 애벌레는 1령부터 4령 때까지 새들을 속이려고 새똥 흉내를 내.
2008. 6. 22. 남양주 덕소

청띠신선나비 애벌레
2013. 9. 5. 남양주 덕소

굵은줄나비 애벌레
2010. 9. 7. 남양주 송촌리

청띠신선나비와 굵은줄나비 애벌레는
온몸에 뾰족뾰족한 돌기가 가시처럼 돋았어.
가시에는 독이 없지만 선뜻 건드리기 어려워.

황오색나비 애벌레는 겨울을 나기 위해
풀빛이던 몸빛이 나무껍질과 닮은 색깔로 바뀌면서 몸을 숨겨.
2014. 3. 11. 남양주 덕소

애벌레 똥

몸에 가시처럼 뾰족한 돌기가 나 있는 큰멋쟁이나비 애벌레는
입에서 나오는 실로 나뭇잎을 엮어 집을 만들고 그 속에 들어가
숨어 살아. 그러면 천적 눈에 띌 일이 없어. 똥도 집 안에 싸.
2004. 6. 2. 남양주 운길산

애벌레는 무엇을 가장 무서워할까?

아무리 애벌레들이 갖가지 방법으로 자기 몸을 지키려 해도 힘세고 눈썰미 좋은 천적 눈을 다 피할 수 없어. 많은 새들이 나비 애벌레가 나오는 때에 맞춰 알을 낳고 새끼를 길러. 그러니 눈에 불을 켜고 애벌레를 잡으러 돌아다니지. 또 개미, 노린재, 벌, 기생파리, 딱정벌레 같은 곤충과 거미들이 여기저기서 애벌레를 노려. 사실 이 많은 곤충과 새들이 나비 애벌레를 잡아먹기 때문에 나비들이 알을 많이 낳는 거야.

새끼를 키우는 새들은 하루에도
수십 마리씩 애벌레를 사냥해.
2015. 5. 22. 남양주 덕소

다리무늬침노린재가 뾰족한 주둥이로
호랑나비 애벌레를 잡아먹고 있어.
2015. 5. 22. 남양주 덕소

무서운 애벌레 사냥꾼은 주둥이노린재야.
자기보다 몇 배나 큰
호랑나비 애벌레를 사냥했어.
2019. 8. 31. 남양주 덕소

별쌍살벌이 배추흰나비 애벌레를 사냥했어.
애벌레 몸을 씹어서 경단을 만든 뒤
집으로 가져가서 자기 새끼에게 먹여.
2012. 6. 21. 남양주 덕소

두색맵시벌이 뾰족한 산란관을
어린 호랑나비 애벌레 몸속에 꽂고
알을 낳고 있어.
2014. 5. 9. 남양주 덕소

두색맵시벌이
호랑나비 애벌레를 찾았어.
호랑나비 애벌레는 머리에서
노란 냄새 뿔을 내밀고 고약한 냄새를 풍겨
두색맵시벌을 쫓아내려 하고 있어.
2016. 6. 14. 남양주 덕소

한참이 지난 뒤
호랑나비 번데기 속에서
두색맵시벌이 나왔어.

자그마한 배추벌레살이금좀벌들이 몰려와서
배추흰나비 애벌레 몸속에 알을 낳고 있어.
하지만 애벌레는 피할 방법이 없어.
2013. 6. 30. 남양주 덕소

배추흰나비 애벌레가 번데기가 되면
배추벌레살이금좀벌들이
번데기 속에서 구멍을 뚫고
쏟아져 나와.

배추나비고치벌이
어린 배추흰나비 애벌레 몸속에
알을 낳고 있어.

배추나비고치벌 애벌레들은
배추흰나비 몸속에서 영양분을 빼앗아 먹고 살다가
한꺼번에 애벌레 몸을 뚫고 나와서 고치를 만들어.
2011. 6. 18. 남양주 덕소

배추흰나비 애벌레는 죽고 고치에서
배추나비고치벌들이 나왔어.
2011. 6. 28. 남양주 덕소

기생파리는 나비 애벌레를 찾아내면
눈 깜짝할 사이에 자기 알을 나비 애벌레 몸에 붙여.
알에서 나온 기생파리 애벌레는 나비 애벌레 몸속을 파먹으며 자라.
2015. 5. 21. 남양주 덕소

기생파리 알

기생파리

고치벌 애벌레들이
청띠신선나비 애벌레 몸속에서
나오자마자 고치를 짓고 있어.
그리고 고치 속에서 번데기가 되었다가
어른벌레로 날개돋이해.
2013. 9. 15. 남양주 덕소

고치벌

꽃게거미가
호랑나비 애벌레를 사냥했어.
2021. 5. 24. 남양주 덕소

일본왕개미가 나방 애벌레를 물고 가고 있어.
2016. 5. 15. 남양주 덕소

검정꼬리치레개미들이
애벌레 한 마리를 사냥해 잔치를 벌이고 있어.
2010. 5. 30. 남양주 덕소

애벌레는 어떻게 집을 지을까?

숲에는 애벌레를 잡아먹으려는 천적들이 너무 많아. 아무도 보살펴 주지 않는 애벌레는 스스로 자기 몸을 지켜야 해. 애벌레들은 보호색으로 숨어서 살아가기도 하고, 밤송이처럼 온몸을 뾰족뾰족한 가시로 감싸기도 하지만 그래도 살아남기는 너무 어려워. 그 가운데 대왕팔랑나비, 왕자팔랑나비, 멧팔랑나비, 큰멋쟁이나비, 작은멋쟁이나비 애벌레처럼 집을 짓고 숨어서 살아가는 애벌레들도 많아. 애벌레는 허물을 벗을 때마다 몸이 부쩍부쩍 크게 자라. 몸이 커지면 작은 집을 버리고 더 큰 집으로 이사를 가야 해. 애벌레는 어떻게 집을 지을까?

왕자팔랑나비 애벌레 집 짓기
2014. 6. 11. 남양주 덕소

③ 10시 10분
실 한 가닥을 튼튼하게 붙이려면 10번쯤 머리를 왔다 갔다 반복해야 돼. 하나, 둘, 셋 바느질하듯 붙이는 실이 많아질수록 자른 잎은 점점 더 접혀.

② 9시 57분
애벌레가 입에서 실을 뽑아 자른 잎을 붙이며 조금씩 끌어당기기 시작했어.

① 9시 52분
마 잎을 자르고 새집을 지으려는 왕자팔랑나비 애벌레를 찾았어.

대왕팔랑나비 애벌레는 잎사귀를 작게
오린 뒤 이불처럼 접어 덮어서 집을 만들어.
애벌레가 크면 집도 덩달아 커지지.

애벌레 집

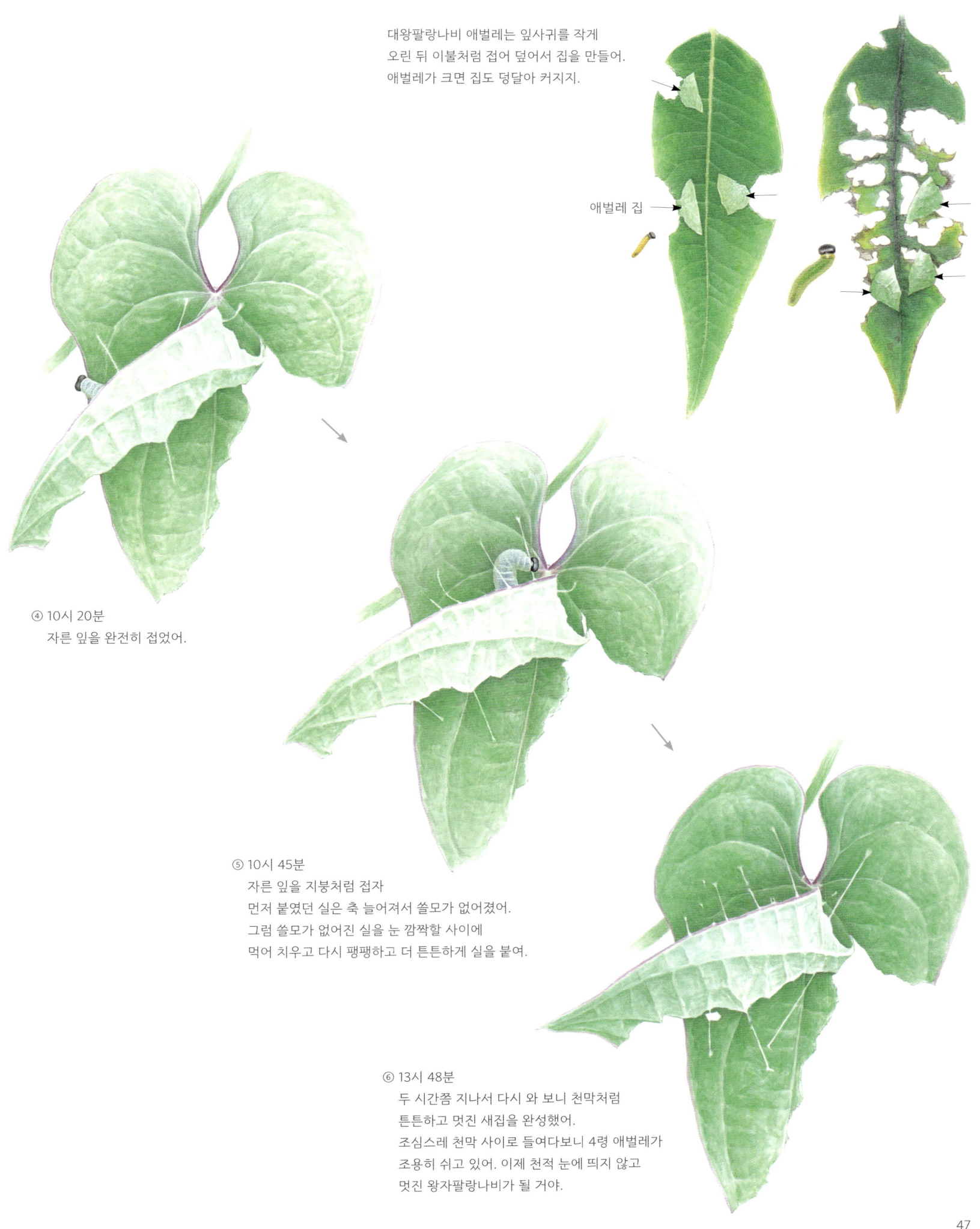

④ 10시 20분
　자른 잎을 완전히 접었어.

⑤ 10시 45분
　자른 잎을 지붕처럼 접자
　먼저 붙였던 실은 축 늘어져서 쓸모가 없어졌어.
　그럼 쓸모가 없어진 실을 눈 깜짝할 사이에
　먹어 치우고 다시 팽팽하고 더 튼튼하게 실을 붙여.

⑥ 13시 48분
　두 시간쯤 지나서 다시 와 보니 천막처럼
　튼튼하고 멋진 새집을 완성했어.
　조심스레 천막 사이로 들여다보니 4령 애벌레가
　조용히 쉬고 있어. 이제 천적 눈에 띄지 않고
　멋진 왕자팔랑나비가 될 거야.

애벌레는 언제쯤 번데기가 될까?

수많은 천적 눈을 피해 살아남은 애벌레들이 드디어 어른벌레가 될 마지막 문턱을 넘을 때가 됐어. 이 문턱이 바로 번데기야. 애벌레는 5령이 되면 아주 많이 먹고 크게 자라. 1주일쯤 자라면 먹이를 더 먹지 않고 조용히 번데기가 될 준비를 해. 어느 날부터 밥을 딱 끊고 똥을 싸서 몸속을 비우고는 이리저리 돌아다니며 번데기가 되기 좋은 곳을 골라. 알맞은 곳을 찾으면 이제 입에서 실을 뽑아 허리를 붙들어 매거나, 꽁무니를 붙여서 거꾸로 매달려. 그러고는 몸을 꿈틀거리면서 마지막 허물을 벗어. 마지막 허물을 벗은 몸이 단단해지면 비로소 번데기가 돼. 호랑나비처럼 거의 모든 나비들은 허리에 실을 감고 번데기가 돼. 암끝검은표범나비 같은 여러 네발나비들은 거꾸로 매달려서 번데기가 되지.

호랑나비 애벌레가 번데기로 바뀌는 모습이야.

① 호랑나비 애벌레가 질퍽한 똥을 쌌어. 깨끗한 몸으로 번데기가 되려고 배 속을 싹 비운 거야.
2011. 6. 2. 남양주 덕소

② 안전한 장소를 찾아다니던 애벌레가 자리를 정하고 꽁무니를 붙일 자리에 실을 붙이고 있어.
2011. 6. 3. 남양주 덕소

③ 실을 여러 겹으로 두른 뒤 고리를 만들어서 허리에 걸치고 몸을 단단히 고정했어.
2011. 6. 4.

④ 죽은 듯이 꼼짝도 않던 애벌레가 갑자기 꿈틀거리기 시작했어. 꿈틀거릴 때마다 갈라진 허물이 밑으로 벗겨져. 애벌레 마지막 허물벗기야.
2011. 6. 5.

⑤ 호랑나비 애벌레가 완전한 번데기 모습으로 바뀌었어.
2011. 6. 5.

마지막 허물

배추흰나비 애벌레가 번데기로
바뀌는 모습이야.

① 배추흰나비 애벌레가
   허리에 실을 감고 번데기가 될
   준비를 하고 있어.
   2013. 10. 19. 남양주 덕소

② 마지막 허물을 벗고
   번데기가 되었어.
   2013. 10. 20.

③ 번데기 몸빛이 나뭇가지와
   비슷한 색깔로 바뀌고 있어.
   2013. 10. 21.

④ 나뭇가지와 똑같은 색깔로
   바뀌었어.
   2013. 10. 24.

암끝검은표범나비 애벌레가
번데기로 바뀌는 모습이야.

① 거꾸로 매달려서 이틀 동안 꿈쩍도 않던 애벌레가
갑자기 꿈틀거리며 허물을 벗기 시작했어.
2012. 8. 19. 남양주 덕소

② 허물벗기는 잠깐 사이에 끝나기 때문에
자주 살펴봐야 허물 벗는 순간을 관찰할 수 있어.
2012. 8. 20.

③ 몸을 이리저리 비틀고 흔들더니
벗은 허물을 땅에 떨어트렸어.
아직은 완전한 번데기 모습이 아니야.
2012. 8. 20.

④ 완전한 번데기 모습이 되었어.
손으로 만지면 깜짝 놀랄 만큼 마구 흔들어.
암끝검은표범나비처럼 네발나비과 나비들은
거꾸로 매달려서 번데기가 돼.
2012. 8. 21.

거꾸로여덟팔나비 애벌레가
번데기로 바뀌는 모습이야.

① 거꾸로여덟팔나비 애벌레가
번데기가 될 곳을 찾고 있어.
2009. 7. 5. 남양주 덕소

② 애벌레가 거꾸로 꽁무니를 붙이고
번데기가 될 준비를 하고 있어.
2009. 7. 7.

③ 애벌레가 마지막 허물을 벗고
번데기가 되었어.
2009. 7. 8.

④ 시간이 지나고 번데기 몸빛이
어둡게 바뀌었거.
2009. 7. 16.

번데기는 어디로 숨었을까?

번데기는 돌아다닐 수 없기 때문에 그 자리에서 조용히 숨어 있어야 해. 그때 번데기를 노리는 새나 벌레들에게 들키면 큰일이거든. 살아남으려면 눈에 띄지 않게 숨어 있는 것이 가장 좋은 길이야. 번데기가 되고 나면 자기 둘레 색깔과 비슷한 색으로 다시 몸빛을 바꿔. 보호색을 띠는 거지. 숨바꼭질을 더 잘하는 번데기가 살아남아 멋진 어른벌레로 날개돋이할 거야.

번데기가 아닌 척
무섭게 보이려는
굵은줄나비 번데기
2012. 5. 18. 남양주 송촌리

소리쟁이 잎사귀에
숨어 있는
큰주홍부전나비 번데기
2012. 8. 16. 남양주 덕소

시든 나뭇잎으로 위장한
왕세줄나비 번데기
2016. 5. 9. 남양주 운길산

시든 잎처럼 보이는
별박이세줄나비 번데기
2010. 7. 30. 남양주 덕소

괭이밥 잎사귀 밑에 숨어 있는
남방부전나비 번데기
2009. 10. 1. 남양주 덕소

벼 잎으로 지은 집 속에 숨어 있는
줄점팔랑나비 번데기
2008. 8. 10. 남양주 시우리

팽나무 잎ㅅ·귀 밑에 보호색으로 숨어 있는
홍점알락나비 번데기
2014. 4. 22. 남양주 덕소

번데기 속에서는 무슨 일이 일어나는 걸까?

애벌레 모습은 번데기 속으로 다 사라졌어. 번데기는 꼼짝 않고 가만히 있는 것 같지? 하지만 그 속에서는 어마어마한 일들이 벌어지고 있어. 날개가 없던 애벌레 몸에서 날개가 돋고, 가위처럼 생긴 턱은 기다란 빨대처럼 바뀌지. 길쭉하던 애벌레 몸은 머리, 가슴, 배로 뚜렷하게 나뉘고, 머리에는 커다란 겹눈과 길쭉한 더듬이가 생겨. 배에는 먹이를 소화하고, 알을 낳을 수 있는 기관들이 들어차. 번데기가 되면 첫날부터 몸속 여러 곳에서 활발한 탈바꿈이 시작돼. 더듬이, 내장 기관, 날개가 만들어지면 번데기 속에서 어른벌레 나비 모습이 보이기 시작해.

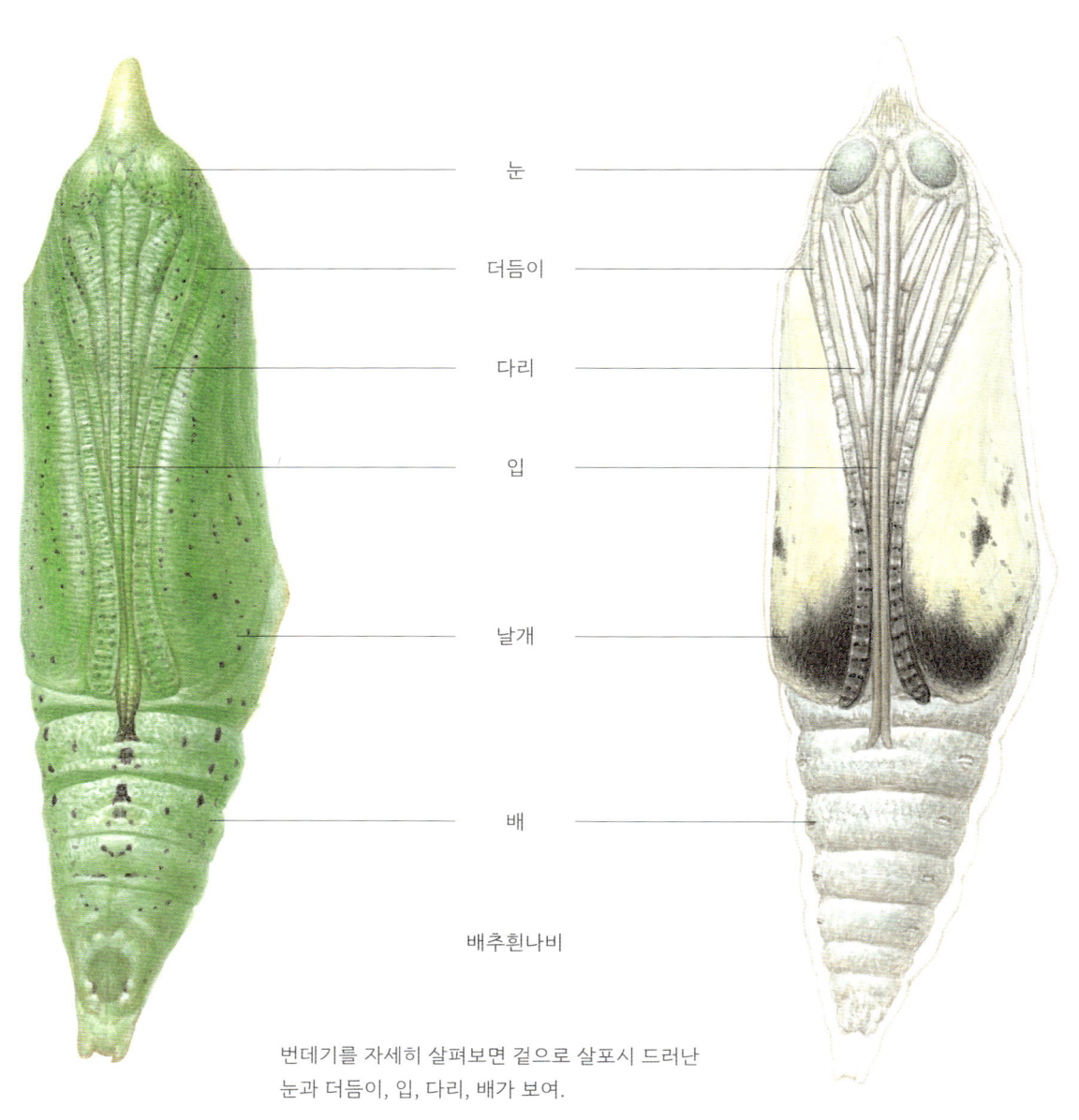

배추흰나비

번데기를 자세히 살펴보면 겉으로 살포시 드러난 눈과 더듬이, 입, 다리, 배가 보여.

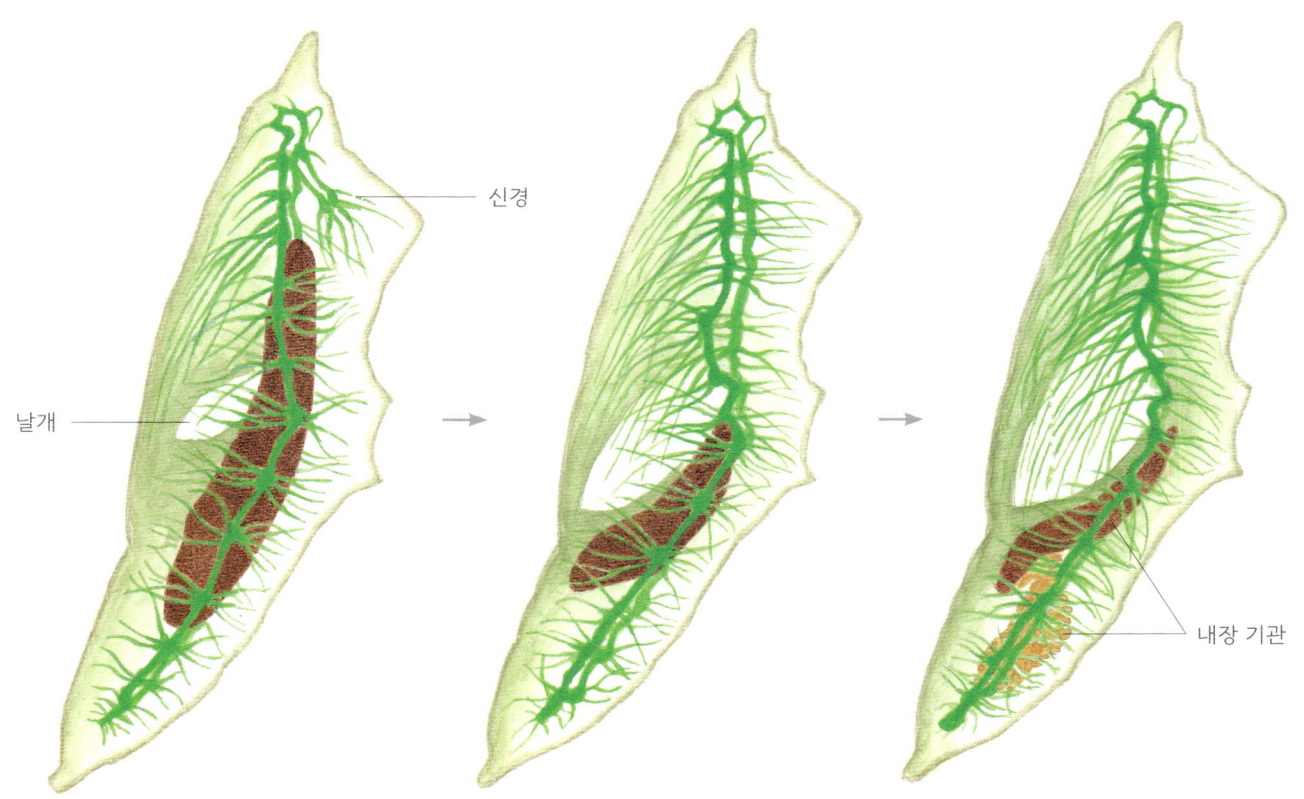

배추흰나비 번데기 속 모습이야.
번데기 몸속에서는 신경과 내장 기관, 날개 따위가
새로 생기거나 바뀌면서 어른벌레 몸이 돼.

배추흰나비 번데기 겉모습이야.
풀빛이던 번데기 몸이 날이 갈수록 조금씩 나비 모습으로 바뀌고 있어.
뚜렷하게 보이던 날개가 뿌옇게 흐려지면 두세 시간 뒤에 멋진 나비가 나올 거야.

얼마나 기다리면 나비가 나올까?

번데기가 된 지 5일쯤 지나면 번데기 속에서 나비가 보이기 시작해. 날개가 뚜렷하게 보이는 날이면 틀림없이 번데기를 벗고 나비가 나와. 수많은 천적들 눈을 피해 살아남은 번데기가 이제 곧 나비 삶에서 가장 멋진 장면을 보여 줄 거야. 번데기 등이 갈라지면서 등이 먼저 쑥 나오고, 머리와 가슴, 배가 차례로 나와.

홍점알락나비가
날개돋이하는 모습이야.

① 홍점알락나비 번데기
2014. 4. 22. 남양주 덕소

② 거꾸로 매달린 번데기가 날개돋이할 때가 되자
번데기 빛깔이 바뀌었어.
2014. 5. 7.

③ 번데기 허물이 갈라지면서
머리가 나오고 있어.
2014. 5. 9.

④ 비좁은 번데기에서 나오려고
움찔움찔 날갯짓하면 잠깐 사이에
나비가 나와.

갓 나온 나비는 날개가 꾸깃꾸깃 구겨져 있어. 한소끔 쉬는 사이에 날개가 마르면서 활짝 펴지지. 나비가 번데기에서 나오는 것을 '날개돋이'라고 해. 날개돋이 하는 시간은 아주 짧아. 5분이면 날개를 다 펴지만 바로 날아갈 수는 없어. 젖은 날개를 반듯하게 잘 펴서 말려야 마음껏 날아갈 수 있어. 실수로 땅에 떨어지기라도 하면 날개는 엉망이 돼. 두세 시간 동안 날개를 잘 말리면 이제 훨훨 날아갈 수 있어.

⑤ 혹시라도 떨어질까 불안한 나비가
번데기 허물을 붙잡고 한소끔 쉬고 있어.
아직 날개가 꾸깃꾸깃 접혀 있어.

⑤ 이제 날개돋이를 다 마친 나비는
나뭇가지를 붙들고 날개가 쫙 펴질 때까지 기다려.
날개가 다 펴지면 몸속에 있는 찌꺼기를
다 비운 뒤 이제 훨훨 날아가.
2014. 5. 9.

호랑나비가
날개돋이하는 모습이야.

① 호랑나비 번데기
2015. 6. 1. 남양주 덕소

② 번데기 빛깔이 바뀌었어.
이제 나비 날개가 뚜렷하게 보여.
2015. 6. 6.

③ 번데기가 갈라지면서
나비가 나오고 있어.
등이 먼저 불쑥불쑥 올라오고
다리, 더듬이, 입이 빠져나와.

④ 안전한 곳에 매달려서
꾸깃꾸깃 접힌 날개를
펴기 시작해.

⑤ 몸이 다 빠져나오면
  다리와 입을 열심히
  접었다 폈다 해.

⑥ 날개가 활짝 펴지면 바람이
  잘 통하게 날개를 벌리고
  빨리 말려야 해. 그러고는
  배 속을 깨끗이 비우고 날아가.
  2015. 6. 6.

배추흰나비가
날개돋이하는 모습이야.

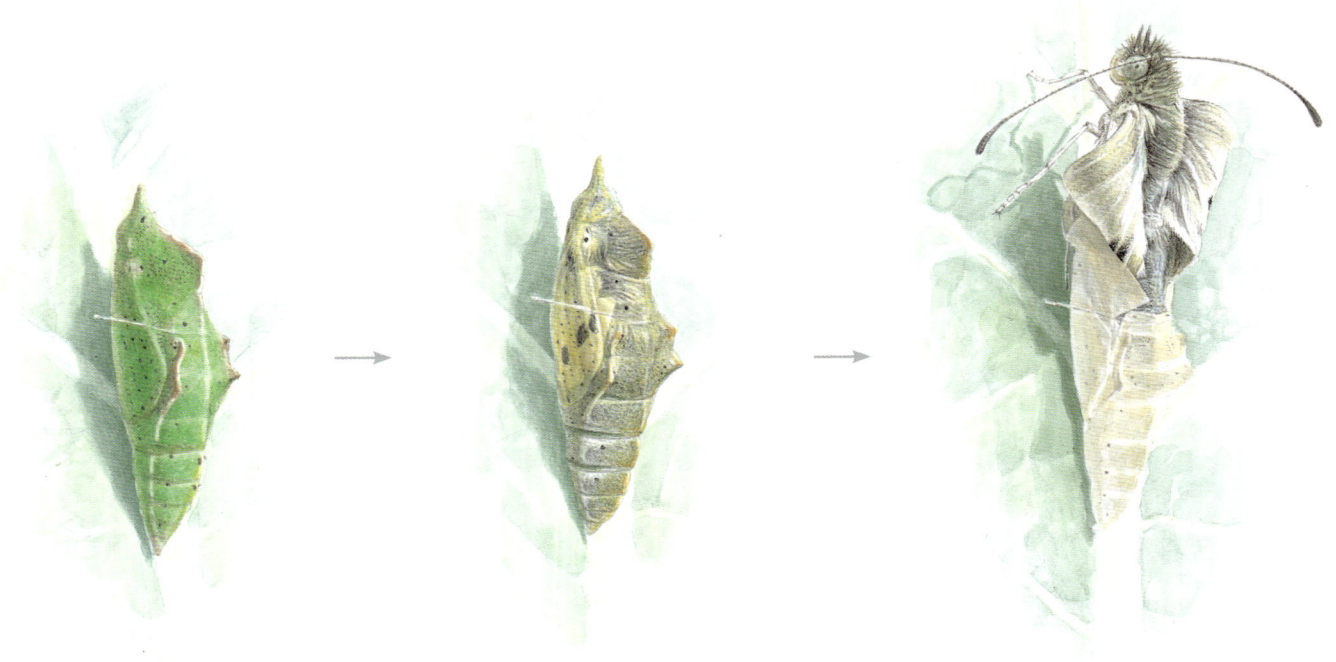

① 배추흰나비 번데기
2012. 10. 2. 남양주 덕소

② 날개돋이할 때가 되면
번데기 속에서 나비가 보여.
2012. 10. 4.

③ 잠깐 사이에 나비가 불쑥불쑥
빠져나와.

④ 꾸깃꾸깃 접힌 날개를 다 펴기 전까지
땅에 떨어지지 않게 조심해야 돼.

⑤ 안전한 장소에서 날개를 말리고 있어.
2012. 10. 4.

날개를 말리다가 땅에 떨어진 나비들이야.
단 한 번 실수로 땅에 떨어져서 젖은 날개가 뒤집어진 채 펴지 못했어.
이제는 아무리 날고 싶어도 날 수가 없어.
개미나 다른 곤충의 먹이가 되고 말 거야.

홍점알락나비

제비나비

배추흰나비

꼬리명주나비

호랑나비

나비는 얼마나 오래 살까?

날개돋이한 나비는 이제야 마음대로 이곳저곳을 날아다녀. 이제 어른이 된 나비는 마음에 드는 짝을 만나 짝짓기를 하고 알을 낳을 거야. 알을 다 낳으면 어른벌레가 할 일은 다 끝난 거야. 이렇게 알, 애벌레, 번데기를 거쳐 나비로 사는 삶을 '한살이'라고 해. 한살이 횟수는 나비마다 달라. 모시나비처럼 1년에 한 번 한살이를 하는 나비도 있고, 호랑나비처럼 두세 번 하는 나비도 있어.

호랑나비는 1년에 두세 번 한살이를 해.
봄에 태어난 나비는 아주 작지만, 여름에 태어나는 나비는 아주 커.

애호랑나비는 진달래 꽃이 필 때 나타났다가
꽃이 질 때쯤 사라지는 나비야.
일생에서 가장 긴 시간을 가랑잎 속에서 번데기로 살아.

모시나비는 일생에서 가장 긴 시간을 알 속에서 살아.
애벌레는 현호색을 먹고 살지만 주로 가랑잎 속에 숨어 있어서
애벌레를 만나기는 참 어려워.

남방부전나비는 1년에 서너 번 한살이를 해.
애벌레는 개미들에게 단물을 주고, 개미는 애벌레를 지켜 줘.

배추흰나비는 1년에 네 번쯤 한살이가 돌아가.
채소밭에서 배추, 무, 케일에도 알을 낳지만
길가에 자란 냉이, 다닥냉이, 개갓냉이에도 알을 낳아.
우리 둘레 가장 가까이에 살고 있어.

네발나비는 1년에 세 번쯤 한살이를 해.
가을에 태어나는 나비는 긴 겨울을 풀덤풀 속에서 보내고
이듬해 4월에 환삼덩굴 새싹에 알을 낳아.

왕오색나비는 일생에서 가장 긴 시간을 애벌레로 살아.
왕오색나비는 꽃에서 꿀을 먹지 않고 사슴벌레처럼
나무에서 나뭇진만 먹고 살아.

큰멋쟁이나비는 1년에 세 번쯤 한살기가 돌아가.
가을에 태어나는 나비는 이듬해 4월까지 나비로 살아.
애벌레는 모시풀 잎으로 집을 짓고 숨어서 살지.

나비는 계절에 따라 어떻게 다를까?

나비 가운데 계절에 따라 몸 색깔이나 크기가 다른 나비들이 있어. 아마도 온도와 먹이 같은 환경이 달라지면서 몸 생김새가 조금 달라지는 것 같아. 이렇게 몸빛과 크기가 다른 나비들은 나오는 철에 따라 봄형, 여름형, 가을형이라고 해. 거꾸로여덟팔나비는 봄형과 여름형 색깔이 다르고, 네발나비는 여름형과 가을형 색깔이 조금 달라. 호랑나비와 제비나비들은 봄형과 여름형 몸 크기가 아주 달라. 여름형 호랑나비와 제비나비는 우리 둘레에서 볼 수 있는 가장 큰 나비야.

네발나비 여름형
2004. 8. 27.
서울 노원구

네발나비 가을형
2009. 10. 22. 남양주 덕소

거꾸로여덟팔나비 봄형
2004. 5. 14. 의정부

거꾸로여덟팔나비 여름형
2009. 7. 16. 남양주 덕소

제비나비 암컷 봄형
날개 편 길이 85mm
2007. 5. 6. 남양주 덕소

성표

제비나비 수컷 여름형
날개 편 길이 126mm
2008. 7. 31. 남양주 덕소

겨울이 오면 나비는 어디로 갈까?

겨울은 모든 동물과 식물에게 힘겨운 때야. 나비 같은 곤충도 마찬가지지. 나뭇잎이 떨어지고, 풀은 시들어서 나비가 꿀을 빨 꽃도 없고, 애벌레가 갉아 먹을 풀이나 나뭇잎도 없어. 추운 겨울이 되면 거의 모든 나비들은 알이나 애벌레, 번데기로 추위를 견디며 어서 빨리 따뜻한 봄이 오기를 기다려. 하지만 풀덤불 속에서 어른벌레로 겨울잠을 자는 나비들도 있어. 큰멋쟁이나비, 네발나비, 청띠신선나비, 남방노랑나비, 뿔나비는 풀덤불 속에서 겨울잠을 자고 봄이 되면 먹이식물을 찾아다니며 새싹에 알을 낳아.

꽃이 사라지면 배고픈 곤충들은 먹을 것을 찾아서 감나무 밑으로 많이 날아와. 땅에 떨어진 홍시는 겨울잠을 자야 하는 곤충들에게 아주 고마운 먹을거리야.
2009. 10. 22 경북 예천

 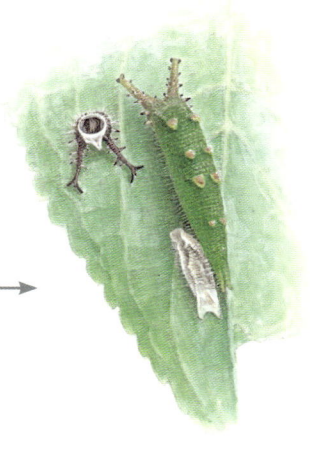  

홍점알락나비 2령 애벌레가
허물 벗을 준비를 하고 있어.
2013. 9. 21. 남양주 덕소

허물을 벗고 3령 애벌레가 됐어.
2013. 10. 12

색깔이 바래는 나뭇잎을 따라
애벌레 몸빛도 바뀌고 있어.
2013. 10. 25.

애벌레 몸빛이 완전히 밤빛으로
바뀌어서 잘 보이지 않아.
이제 겨울나기 준비를 다 마친 거야.
2013. 10. 28.

홍점알락나비 애벌레

왕오색나비 애벌레

흑백알락나비 애벌레

홍점알락나비 애벌레가
다른 나비 애벌레와 함께 가랑잎 속에서
겨울을 나고 봄이 되자 밖으로 나왔어.
2014. 2. 26.

네발나비 어른벌레가
눈 쌓인 덤불 밑에서 겨울을 나고 있어.
2005. 12. 8. 남양주 천마산

뿔나비가 어른벌레로
가랑잎 덤불에서 겨울을 나고 있어.
2010. 12. 9. 남양주 덕소

암고운부전나비 알이
복숭아나무 가지에서 겨울을 나고 있어.
2017. 1. 1. 남양주 덕소

호랑나비 번데기가
나무줄기에 붙어
겨울을 나고 있어.
2013. 11. 18. 남양주 덕소

남방노랑나비가 어른벌레로
풀덤불 속에서 겨울을 나고 있어.
2008. 12. 5. 남양주 덕소

긴꼬리제비나비는 번데기로 겨울을 나.
2011. 2. 26. 남양주 덕소

애호랑나비 번데기가 가랑잎 밑에 붙어 겨울을 나고 있어.
애호랑나비는 6월에 번데기가 된 뒤 이듬해 2월까지 번데기로 지내.
그래서 애호랑나비는 일생을 거의 번데기로 사는 나비야.
2012. 5. 21. 남양주 덕소

갈참나무 겨울눈 틈에서
은날개녹색부전나비 알이
겨울을 나고 있어.
2016. 12. 2. 남양주 덕소

잎이 떨어지지 않게
애벌레가 실을 많이 감아 두었어.

황오색나비 애벌레가
버드나무 가지 틈에서
애벌레로 겨울을 나고 있어.
2014. 3. 11. 남양주 덕소

마른 단풍나무 잎에서
세줄나비 애벌레가 겨울을 나고 있어.
2016. 12. 3. 남양주 운길산

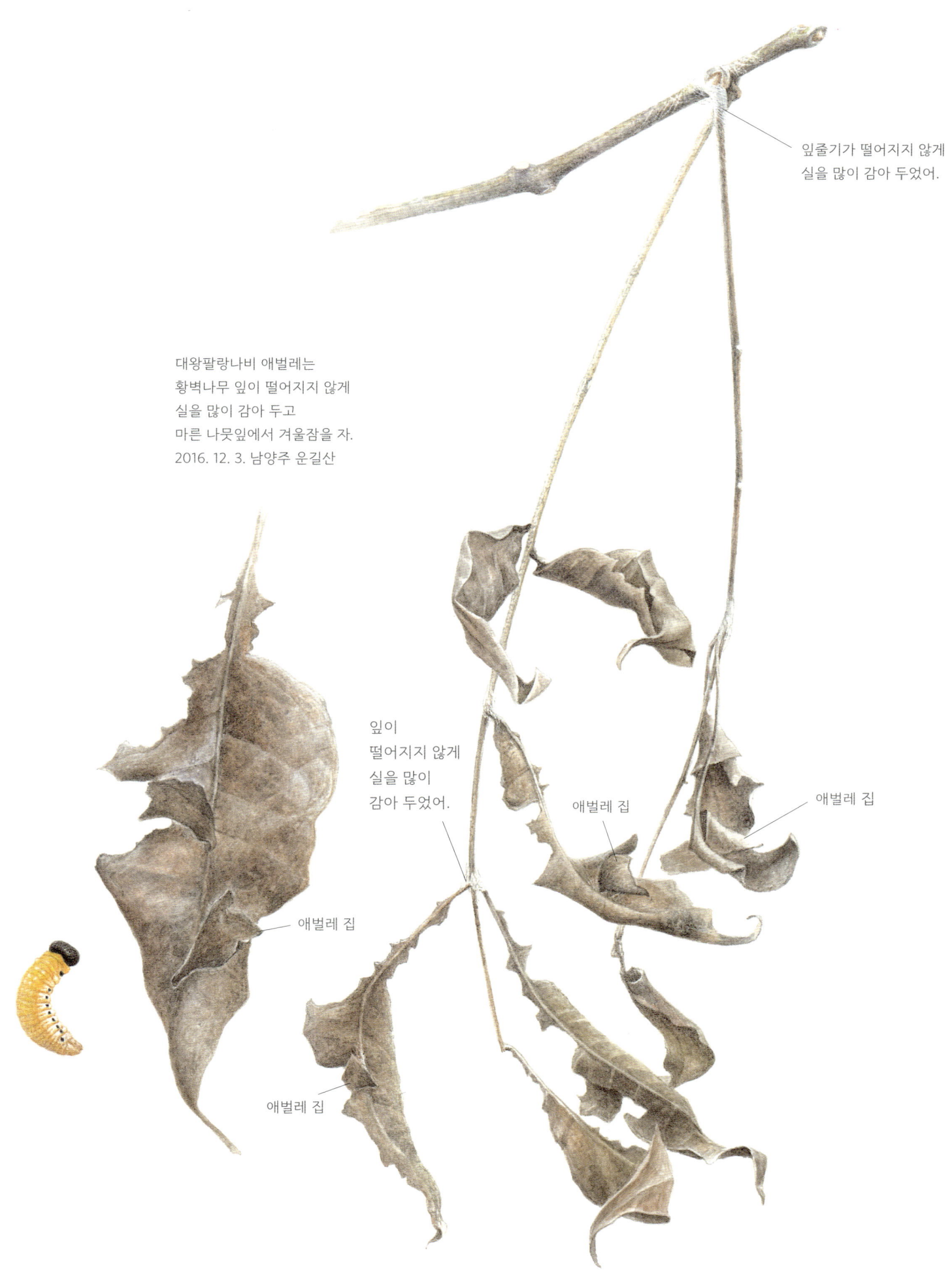

잎줄기가 떨어지지 않게
실을 많이 감아 두었어.

대왕팔랑나비 애벌레는
황벽나무 잎이 떨어지지 않게
실을 많이 감아 두고
마른 나뭇잎에서 겨울잠을 자.
2016. 12. 3. 남양주 운길산

잎이
떨어지지 않게
실을 많이
감아 두었어.

애벌레 집

애벌레 집

애벌레 집

애벌레 집

나비 한살이

거꾸로여덟팔나비 한살이

거북꼬리
① 알
② 5령 애벌레
③ 번데기 될 준비
④ 번데기
⑤ 날개돋이 바로 전
⑥ 날개돋이

남방부전나비 한살이

노랑나비 한살이

배추흰나비 한살이

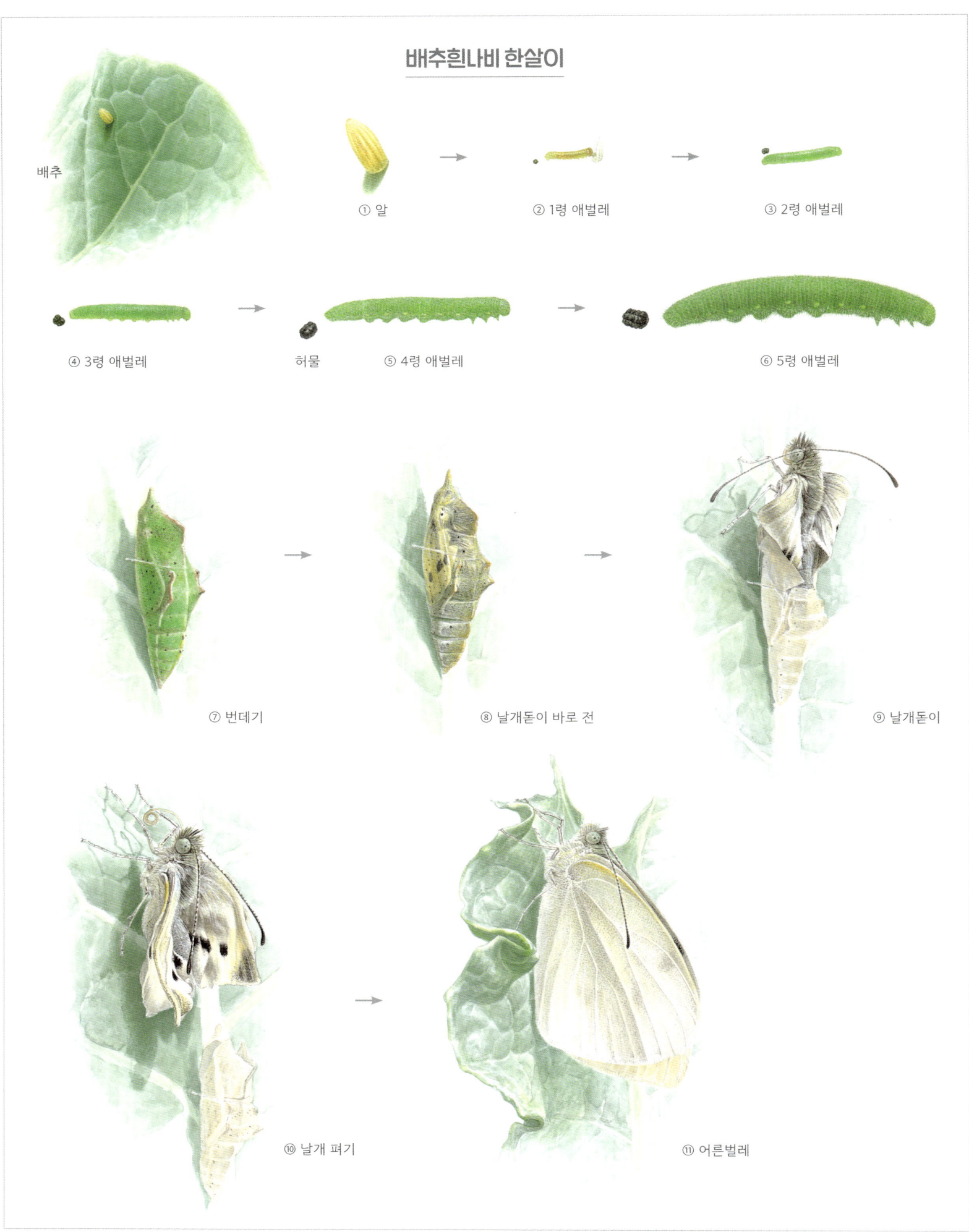

뿔나비 한살이

암고운부전나비 한살이

왕자팔랑나비 한살이

애호랑나비 한살이

⑧ 마지막 똥을 누고
 가랑잎 속으로 들어간 5령 애벌레

⑨ 가랑잎 속에서 번데기로 겨울나기

⑩ 이듬해 봄 날개돋이

⑪ 어른벌레

큰멋쟁이나비 한살이

큰줄흰나비 한살이

개갓냉이

① 알 낳기
② 알
③ 1령 애벌레
④ 2령 애벌레
⑤ 5령 애벌레
⑥ 번데기
허물
⑦ 날개돋이 바로 전
⑧ 날개돋이

호랑나비 한살이

① 알  → ② 1령 애벌레  → ③ 2령 애벌레

④ 3령 애벌레  → ⑤ 4령 애벌레

⑥ 허물벗기  → ⑦ 5령 애벌레

⑧ 번데기 준비   ⑨   ⑩ 번데기

⑪ 날개돋이   ⑫ 어른벌레

홍점알락나비 한살이

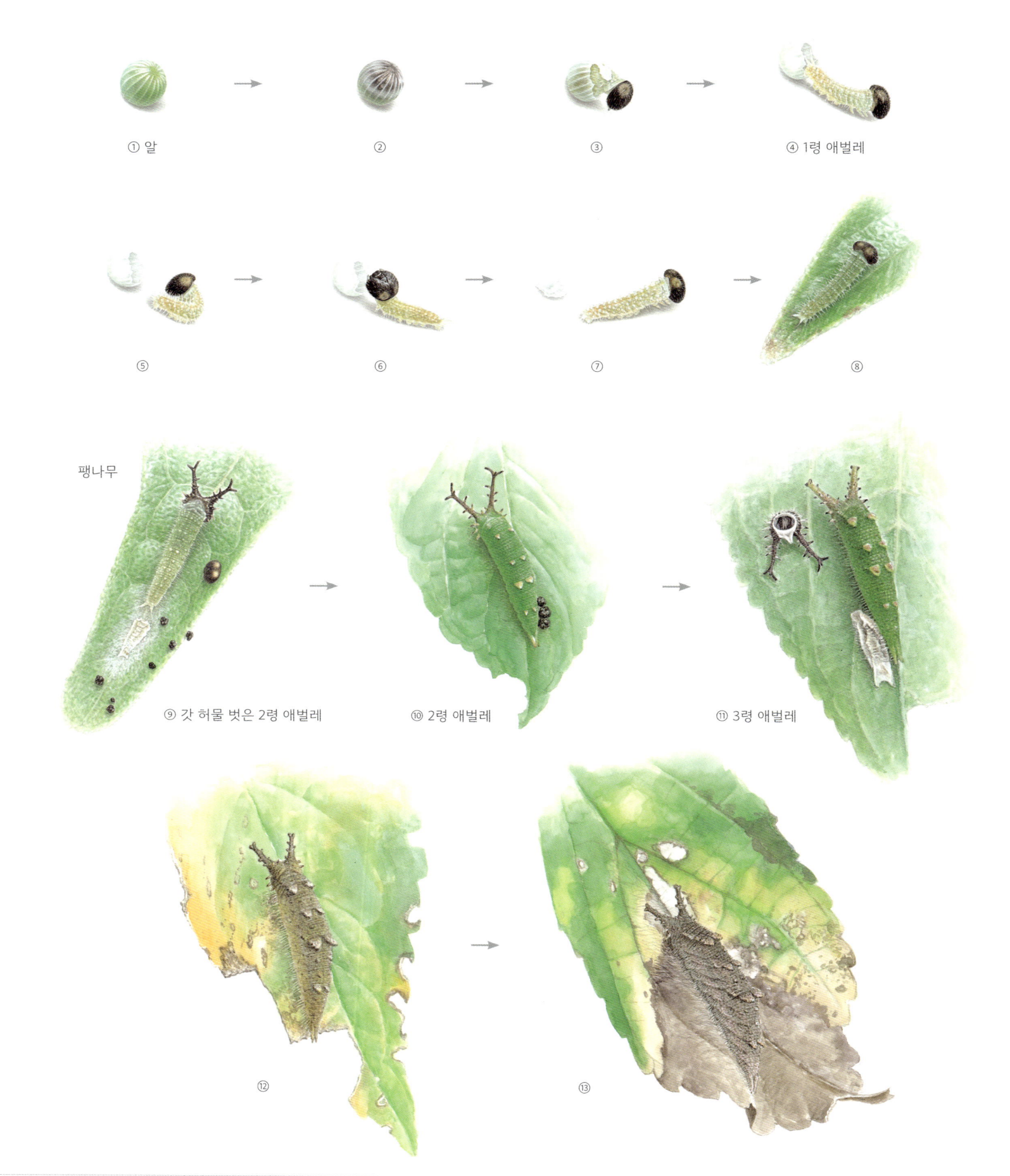

① 알 ② ③ ④ 1령 애벌레
⑤ ⑥ ⑦ ⑧
팽나무 ⑨ 갓 허물 벗은 2령 애벌레 ⑩ 2령 애벌레 ⑪ 3령 애벌레
⑫ ⑬

애벌레와 나비 생김새

냄새 뿔 | 가슴 3마디 | 가짜 눈 | 배 10마디
머리 | 홑눈 | 가슴다리 3쌍 | 배다리 4쌍 | 숨구멍 9쌍 | 꼬리다리 1쌍

애벌레 생김새

꼬물꼬물 기어다니는 애벌레와 너울너울 나는 어른벌레는 생김새도 다르고 사는 모습도 달라.
나비 애벌레는 거의 잎을 갉아 먹어. 그래서 잎을 갉아 먹을 수 있는 튼튼한 턱이 필요해.
가위처럼 생긴 턱으로 질긴 잎을 싹둑싹둑 잘라 먹지. 몸은 소시지처럼 길쭉한데 가슴과 배에 다리가 달려서
길쭉한 몸통을 꿈틀대며 이 잎에서 저 잎으로 옮겨 다녀. 자그마한 머리에는 깨알처럼 작은 홑눈이 달려 있고,
어른벌레와 달리 기다란 더듬이가 없지. 애벌레마다 몸빛도 다르고, 생김새도 다르고, 몸에 난 무늬도 달라.
몸에 수북하게 털이 나거나, 머리에서 뿔이 돋는 애벌레도 있어.

나비 생김새

나비 어른벌레는 애벌레와 달리 빨대처럼 기다란 주둥이로 꽃에서 꿀을 빨아 먹고, 커다란 앞날개와 뒷날개로 여기저기 날아다니지. 머리에는 커다란 겹눈과 기다란 더듬이가 있어. 애벌레는 다리가 모두 16개 있지만 어른벌레는 6개 있어. 나비 다리는 앉을 때도 쓰지만, 앞다리 2개와 더듬이는 꽃에서 꿀을 찾거나 알 낳을 식물을 찾을 때 써.

애벌레와 나비

거꾸로여덟팔나비

봄형

여름형

굵은줄나비

남방부전나비

네발나비

산호랑나비

애호랑나비

왕오색나비

제비나비

청띠신선나비

큰줄흰나비

호랑나비

홍점알락나비

여러 가지 나비 삶

나비 이름	애벌레 먹이식물	한 곳에 낳는 알 수	생활 모습	사는 곳	1년간 발생 횟수	겨울나기 방법
귤빛부전나비	떡갈나무 갈참나무	나뭇가지 잎눈 옆에 1개씩	주로 늦은 오후 시간에 많이 나와 돌아다닌다.	낮은 산 참나무 숲	1회 (6~7월)	알
모시나비	현호색	현호색 둘레 풀잎이나 가랑잎에 1~2개쯤	6월부터 다음해 2월까지 일생을 알 속에서 살아가는 나비다.	양지바른 산 가장자리	1회 (5~6월)	
암고운부전나비	복숭아나무 살구나무	나뭇가지 사이에 1~6개쯤	무더운 여름에는 여름잠을 자고 늦가을까지 활동한다.	낮은 산과 마을 둘레	1회 (6~10월 말)	
남방부전나비	괭이밥	먹이식물 잎 윗면에 1개씩	공원이나 집 둘레에서도 쉽게 볼 수 있는 나비다. 개미는 애벌레를 지켜 주고, 애벌레는 개미에게 단물을 주며 공생한다.	공원이나 집 둘레	3~4회 (4~11월)	애벌레
왕세줄나비	복숭아나무 자두나무	먹이식물 잎 윗면에 1개씩	애벌레와 번데기는 보호색과 의태로 감쪽같이 숨어 있다.	낮은 산과 마을 둘레	1회 (6~8월)	
왕오색나비	팽나무 풍게나무	먹이식물 잎 밑면에 20~30개쯤	참나무 수액을 먹고 사는 나비다.	골짜기 둘레 잡목림 숲	1회 (6~8월)	
꼬리명주나비	쥐방울덩굴	쥐방울덩굴 줄기나 잎에 20~120개 쯤	애벌레는 3령까지 모여서 살다가 점차 흩어진다. 봄형보다 여름형 나비가 크다.	산기슭이나 양지바른 밭두렁 둘레	3회 (봄형 4~5월) (여름형 6~9월)	
배추흰나비	무 배추 케일 냉이	먹이식물에 1개씩	알에서부터 나비까지 한살이 기간이 짧아서 한살이를 관찰하기에 가장 좋다.	마을과 채소밭 둘레	4~5회 (봄형 4~5월) (여름형 6~10월)	번데기
애호랑나비	족도리풀	족도리풀 잎 밑에 10~15개쯤	애벌레는 3령까지 모든 행동을 같이 하며 모여서 산다. 6월부터 이듬해 3월까지 일생을 번데기 상태로 살아가는 나비다.	진달래나 얼레지가 있는 골짜기	1회 (4월)	
호랑나비	산초나무 탱자나무 황벽나무	먹이식물 잎이나 줄기에 1개씩	봄형보다 여름형 나비가 아주 크다.	낮은 산과 마을 둘레	3회 (봄형 4~5월) (여름형 6~10월)	
네발나비	환삼덩굴	먹이식물 잎 윗면에 1개씩	가을형 나비는 풀덤불 속에서 겨울을 나고 이듬해 5월까지 산다.	낮은 산과 마을 둘레	3~4회 (여름형 6~8월) (가을형 9월~ 이듬해 5월)	나비
뿔나비	팽나무 풍게나무	나뭇가지 새싹 둘레에 1~70개쯤	골짜기 물가에 수십 마리가 모여서 물을 빨아 먹는 모습도 볼 수 있다. 여름에는 여름잠을 자고, 겨울에는 겨울잠을 자며 일생 대부분을 어른벌레로 오래 사는 나비다.	골짜기 둘레 잡목림 숲	1회 (6월~이듬해 5월)	
청띠신선나비	청미래덩굴 청가시덩굴	먹이식물 잎 윗면에 1개씩	거의 모든 애벌레는 고치벌에게 기생 당한다. 참나무 수액에도 날아온다.	낮은 산 잡목림 숲	2회 (6월~이듬해 5월)	

글 그림 **권혁도**

1955년 경상북도 예천에서 태어나 추계예술대학교에서 동양화를 공부했습니다.
벌레들이 작고 보잘것없어 보이지만 생명까지 작은 것은 아니며 생명 그 자체로 귀하다는 마음으로
1995년부터 지금까지 세밀화로 곤충을 그리고 있습니다.
쓰고 그린 책으로 《세밀화로 보는 곤충의 생활》, 《세밀화로 보는 호랑나비 한살이》,
《세밀화로 보는 꽃과 나비》, 《세밀화로 보는 나비 애벌레》, 《세밀화로 보는 사마귀 한살이》,
《누에야 뽕잎 줄게 비단실 다오》가 있으며, 그린 책으로 《우리 곁에 곤충》, 《누구야 누구》,
《세밀화로 그린 보리 어린이 동물 도감》, 《세밀화로 그린 보리 어린이 식물 도감》,
《세밀화로 그린 보리 어린이 곤충 도감》, 《곤충 나들이도감》,
세밀화로 그린 보리 큰도감 《버섯 도감》, 《곤충 도감》들이 있습니다.

나비의 봄 여름 가을 겨울
글 그림 권혁도

1판 1쇄 펴낸 날 2025년 4월 7일

편집 김종현
기획실 김소영, 김용란
디자인 채홍디자인
제작 심준엽
영업마케팅 심규완, 양병희, 윤민영
영업관리 안명선
새사업부 조서연
경영지원실 신종호, 차수민
분해 (주)로얄프로세스
인쇄제본 (주)상지사 P&B

펴낸이 유문숙 | **펴낸 곳** (주)도서출판 보리 | **출판등록** 1991년 8월 6일 제9-279호
주소 (10881) 경기도 파주시 직지길 492 | **전화** 031-955-3535 | **전송** 031-950-9501
누리집 www.boribook.com | **전자우편** bori@boribook.com

ⓒ 권혁도, 2025

이 책의 내용을 쓰고자 할 때는, 저작권자와 출판사의 허락을 받아야 합니다.
잘못된 책은 바꾸어 드립니다.
값 32,000원

보리는 나무 한 그루를 베어 낼 가치가 있는지 생각하며 책을 만듭니다.

ISBN 979-11-6314-407-6 (77490)

 **제품명** 도서 | **제조자명** (주)도서출판 보리 | **주소** (10881) 경기도 파주시 직지길 492
전화번호 (031) 955-3535 | **제조년월** 2025년 4월 | **제조국명** 한국 | **사용연령** 7세 이상
주의사항 책의 모서리가 날카로우니 다치지 않게 주의하세요. KC마크는 이 제품이
공통안전기준에 적합하였음을 뜻합니다.